Made in the USA
Monee, IL
11 December 2019

18394860R00118